STAR WARS™

THE MANDALORIAN™

2025 EVERYDAY DESK CALENDAR

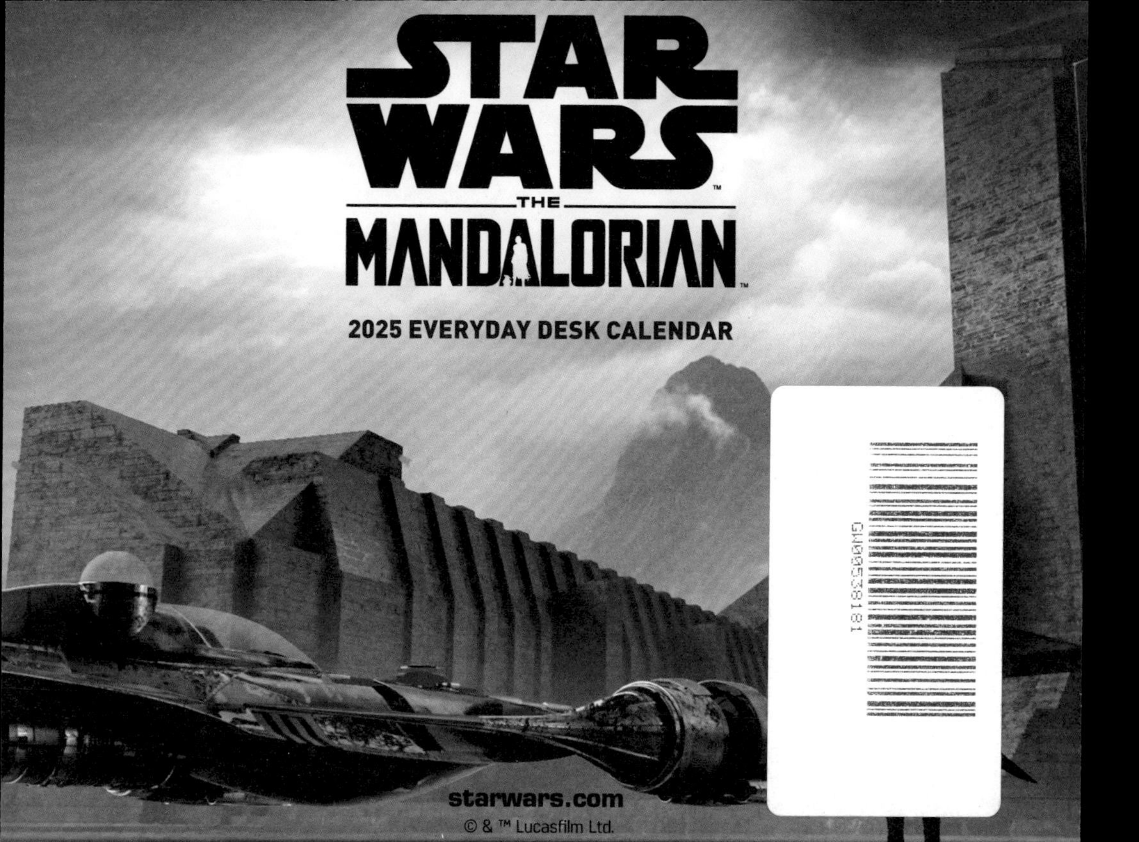

starwars.com

GW00538181

WEDNESDAY

1

NEW YEAR'S DAY

**I can bring you in warm,
or I can bring you in cold.**
—The Mandalorian

JANUARY

M	T	W	T	F	S	S
		1	2	3	4	5
6	7	8	9	10	11	12
13	14	15	16	17	18	19
20	21	22	23	24	25	26
27	28	29	30	31		

THURSDAY

2

NEW YEAR HOLIDAY
(SCOTLAND)

JANUARY

M	T	W	T	F	S	S
		1	2	3	4	5
6	7	8	9	10	11	12
13	14	15	16	17	18	19
20	21	22	23	24	25	26
27	28	29	30	31		

FRIDAY

3

These are Imperial Credits.
—The Mandalorian

They still spend.
—Greef Karga

I don't know if you heard, but the Empire is gone.
—The Mandalorian

JANUARY

M	T	W	T	F	S	S
		1	2	3	4	5
6	7	8	9	10	11	12
13	14	15	16	17	18	19
20	21	22	23	24	25	26
27	28	29	30	31		

SAT
4

SUN
5

JANUARY

M	T	W	T	F	S	S
		1	2	3	4	5
6	7	8	9	10	11	12
13	14	15	16	17	18	19
20	21	22	23	24	25	26
27	28	29	30	31		

MONDAY

6

Greef Karga said you were coming.
—The Client

What else did he say?
—The Mandalorian

He said you were the best in the parsec.
—The Client

JANUARY

M	T	W	T	F	S	S
		1	2	3	4	5
6	7	8	9	10	11	12
13	14	15	16	17	18	19
20	21	22	23	24	25	26
27	28	29	30	31		

TUESDAY
7

JANUARY

M	T	W	T	F	S	S
		1	2	3	4	5
6	7	8	9	10	11	12
13	14	15	16	17	18	19
20	21	22	23	24	25	26
27	28	29	30	31		

WEDNESDAY

8

I have a camtono of beskar waiting for you upon delivery of the asset.
—The Client

JANUARY

M	T	W	T	F	S	S
		1	2	3	4	5
6	7	8	9	10	11	12
13	14	15	16	17	18	19
20	21	22	23	24	25	26
27	28	29	30	31		

THURSDAY

9

JANUARY

M	T	W	T	F	S	S
		1	2	3	4	5
6	7	8	9	10	11	12
13	14	15	16	17	18	19
20	21	22	23	24	25	26
27	28	29	30	31		

FRIDAY

10

I will help you. I have spoken.

—Kuiil

JANUARY

M	T	W	T	F	S	S
		1	2	3	4	5
6	7	8	9	10	11	12
13	14	15	16	17	18	19
20	21	22	23	24	25	26
27	28	29	30	31		

SAT 11 | **SUN** 12

JANUARY

M	T	W	T	F	S	S
		1	2	3	4	5
6	7	8	9	10	11	12
13	14	15	16	17	18	19
20	21	22	23	24	25	26
27	28	29	30	31		

MONDAY
13

Manufacturers Protocol dictates
I cannot be captured. I must
self-destruct.

—IG-11

Do not self-destruct.

—The Mandalorian

JANUARY						
M	T	W	T	F	S	S
		1	2	3	4	5
6	7	8	9	10	11	12
13	14	15	16	17	18	19
20	21	22	23	24	25	26
27	28	29	30	31		

TUESDAY

14

JANUARY

M	T	W	T	F	S	S
		1	2	3	4	5
6	7	8	9	10	11	12
13	14	15	16	17	18	19
20	21	22	23	24	25	26
27	28	29	30	31		

WEDNESDAY
15

This is what was causing all the fuss?
—Kuiil

I think it's a child.
—The Mandalorian

JANUARY

M	T	W	T	F	S	S
		1	2	3	4	5
6	7	8	9	10	11	12
13	14	15	16	17	18	19
20	21	22	23	24	25	26
27	28	29	30	31		

THURSDAY
16

JANUARY

M	T	W	T	F	S	S
		1	2	3	4	5
6	7	8	9	10	11	12
13	14	15	16	17	18	19
20	21	22	23	24	25	26
27	28	29	30	31		

FRIDAY

17

I'm a Mandalorian. Weapons are part of my religion.
—The Mandalorian

JANUARY

M	T	W	T	F	S	S
		1	2	3	4	5
6	7	8	9	10	11	12
13	14	15	16	17	18	19
20	21	22	23	24	25	26
27	28	29	30	31		

SAT
18

SUN
19

JANUARY

M	T	W	T	F	S	S
		1	2	3	4	5
6	7	8	9	10	11	12
13	14	15	16	17	18	19
20	21	22	23	24	25	26
27	28	29	30	31		

MONDAY

20

Good luck with the Child. May it survive and bring you a handsome reward.
—*Kuiil*

JANUARY

M	T	W	T	F	S	S
		1	2	3	4	5
6	7	8	9	10	11	12
13	14	15	16	17	18	19
20	21	22	23	24	25	26
27	28	29	30	31		

TUESDAY

21

JANUARY

M	T	W	T	F	S	S
		1	2	3	4	5
6	7	8	9	10	11	12
13	14	15	16	17	18	19
20	21	22	23	24	25	26
27	28	29	30	31		

WEDNESDAY

22

I have no idea if he wants to eat it or hang it on his wall, but he's very antsy.

—Greef Karga

JANUARY

M	T	W	T	F	S	S
		1	2	3	4	5
6	7	8	9	10	11	12
13	14	15	16	17	18	19
20	21	22	23	24	25	26
27	28	29	30	31		

THURSDAY

23

JANUARY

M	T	W	T	F	S	S
		1	2	3	4	5
6	7	8	9	10	11	12
13	14	15	16	17	18	19
20	21	22	23	24	25	26
27	28	29	30	31		

FRIDAY

24

When one chooses to walk the Way of the Mandalore, you are both hunter and prey.

—The Armorer

JANUARY

M	T	W	T	F	S	S
		1	2	3	4	5
6	7	8	9	10	11	12
13	14	15	16	17	18	19
20	21	22	23	24	25	26
27	28	29	30	31		

SAT
25

SUN
26

JANUARY

M	T	W	T	F	S	S
		1	2	3	4	5
6	7	8	9	10	11	12
13	14	15	16	17	18	19
20	21	22	23	24	25	26
27	28	29	30	31		

MONDAY

27

Why would an enemy help you in battle?

—The Armorer

It did not know it was my enemy.

—The Mandalorian

JANUARY

M	T	W	T	F	S	S
		1	2	3	4	5
6	7	8	9	10	11	12
13	14	15	16	17	18	19
20	21	22	23	24	25	26
27	28	29	30	31		

TUESDAY

28

JANUARY

M	T	W	T	F	S	S
		1	2	3	4	5
6	7	8	9	10	11	12
13	14	15	16	17	18	19
20	21	22	23	24	25	26
27	28	29	30	31		

WEDNESDAY

29

LUNAR NEW YEAR
(SNAKE)

If you truly care about the kid, then you put it on the speeder and we'll discuss terms.
—Greef Karga

How do I know I can trust you?
—The Mandalorian

Because I'm your only hope.
—Greef Karga

JANUARY

M	T	W	T	F	S	S
		1	2	3	4	5
6	7	8	9	10	11	12
13	14	15	16	17	18	19
20	21	22	23	24	25	26
27	28	29	30	31		

THURSDAY
30

JANUARY

M	T	W	T	F	S	S
		1	2	3	4	5
6	7	8	9	10	11	12
13	14	15	16	17	18	19
20	21	22	23	24	25	26
27	28	29	30	31		

FRIDAY

31

Stop touching things.
—The Mandalorian

JANUARY

M	T	W	T	F	S	S
		1	2	3	4	5
6	7	8	9	10	11	12
13	14	15	16	17	18	19
20	21	22	23	24	25	26
27	28	29	30	31		

SAT
1

SUN
2

FEBRUARY

M	T	W	T	F	S	S
					1	2
3	4	5	6	7	8	9
10	11	12	13	14	15	16
17	18	19	20	21	22	23
24	25	26	27	28		

MONDAY

3

Real backwater skug hole. Which means it's perfect for us.
—The Mandalorian

FEBRUARY						
M	T	W	T	F	S	S
					1	2
3	4	5	6	7	8	9
10	11	12	13	14	15	16
17	18	19	20	21	22	23
24	25	26	27	28		

TUESDAY

4

FEBRUARY

M	T	W	T	F	S	S
					1	2
3	4	5	6	7	8	9
10	11	12	13	14	15	16
17	18	19	20	21	22	23
24	25	26	27	28		

WEDNESDAY

5

You haven't shown your face to anyone since you were a kid?

—Omera

No. My parents were killed, and the Mandalorians took care of me.

—The Mandalorian

FEBRUARY

M	T	W	T	F	S	S
					1	2
3	4	5	6	7	8	9
10	11	12	13	14	15	16
17	18	19	20	21	22	23
24	25	26	27	28		

THURSDAY

6

FEBRUARY

M	T	W	T	F	S	S
					1	2
3	4	5	6	7	8	9
10	11	12	13	14	15	16
17	18	19	20	21	22	23
24	25	26	27	28		

FRIDAY
7

Traveling with me, that's no life for a kid.
—*The Mandalorian*

FEBRUARY

M	T	W	T	F	S	S
					1	2
3	4	5	6	7	8	9
10	11	12	13	14	15	16
17	18	19	20	21	22	23
24	25	26	27	28		

SAT	SUN
8	9

FEBRUARY

M	T	W	T	F	S	S
					1	2
3	4	5	6	7	8	9
10	11	12	13	14	15	16
17	18	19	20	21	22	23
24	25	26	27	28		

MONDAY

10

I can bring you in warm, or I can bring you in cold.

—Bounty Hunter

That's my line.

—The Mandalorian

FEBRUARY

M	T	W	T	F	S	S
					1	2
3	4	5	6	7	8	9
10	11	12	13	14	15	16
17	18	19	20	21	22	23
24	25	26	27	28		

TUESDAY
11

FEBRUARY

M	T	W	T	F	S	S
					1	2
3	4	5	6	7	8	9
10	11	12	13	14	15	16
17	18	19	20	21	22	23
24	25	26	27	28		

WEDNESDAY

12

She made her name killing for all the top crime syndicates, including the Hutts. If you go after her, you won't make it past sunrise.

—*The Mandalorian*

FEBRUARY

M	T	W	T	F	S	S
					1	2
3	4	5	6	7	8	9
10	11	12	13	14	15	16
17	18	19	20	21	22	23
24	25	26	27	28		

THURSDAY

13

FEBRUARY

M	T	W	T	F	S	S
					1	2
3	4	5	6	7	8	9
10	11	12	13	14	15	16
17	18	19	20	21	22	23
24	25	26	27	28		

FRIDAY

14

VALENTINE'S DAY

Not so fast! You can't just leave a child all alone like that. You know... you've got an awful lot to learn about raisin' a young one.

—Peli Motto

FEBRUARY

M	T	W	T	F	S	S
					1	2
3	4	5	6	7	8	9
10	11	12	13	14	15	16
17	18	19	20	21	22	23
24	25	26	27	28		

SAT
15

SUN
16

FEBRUARY

M	T	W	T	F	S	S
					1	2
3	4	5	6	7	8	9
10	11	12	13	14	15	16
17	18	19	20	21	22	23
24	25	26	27	28		

MONDAY
17

Take some advice, kid. You wanna be a bounty hunter? Make the best deal for yourself and survive.

—Fennec Shand

FEBRUARY

M	T	W	T	F	S	S
					1	2
3	4	5	6	7	8	9
10	11	12	13	14	15	16
17	18	19	20	21	22	23
24	25	26	27	28		

TUESDAY
18

FEBRUARY

M	T	W	T	F	S	S
					1	2
3	4	5	6	7	8	9
10	11	12	13	14	15	16
17	18	19	20	21	22	23
24	25	26	27	28		

WEDNESDAY

19

The Razor Crest is off the old Imperial and the New Republic grids. It's a ghost.

—Ranzar Malk

FEBRUARY

M	T	W	T	F	S	S
					1	2
3	4	5	6	7	8	9
10	11	12	13	14	15	16
17	18	19	20	21	22	23
24	25	26	27	28		

THURSDAY
20

FEBRUARY

M	T	W	T	F	S	S
					1	2
3	4	5	6	7	8	9
10	11	12	13	14	15	16
17	18	19	20	21	22	23
24	25	26	27	28		

FRIDAY

21

What is it? Like...a pet or something?

—Migs Mayfeld

FEBRUARY

M	T	W	T	F	S	S
					1	2
3	4	5	6	7	8	9
10	11	12	13	14	15	16
17	18	19	20	21	22	23
24	25	26	27	28		

SAT	SUN
22	23

FEBRUARY

M	T	W	T	F	S	S
					1	2
3	4	5	6	7	8	9
10	11	12	13	14	15	16
17	18	19	20	21	22	23
24	25	26	27	28		

MONDAY

24

I don't think it was engineered. I've worked in the gene farms. This one looks evolved. Too ugly.

—Kuiil

FEBRUARY

M	T	W	T	F	S	S
					1	2
3	4	5	6	7	8	9
10	11	12	13	14	15	16
17	18	19	20	21	22	23
24	25	26	27	28		

TUESDAY

25

FEBRUARY

M	T	W	T	F	S	S
					1	2
3	4	5	6	7	8	9
10	11	12	13	14	15	16
17	18	19	20	21	22	23
24	25	26	27	28		

WEDNESDAY

26

We do it not for payment, but to protect the Child from Imperial slavery. None will be free until the old ways are gone forever.

—Kuiil

FEBRUARY

M	T	W	T	F	S	S
					1	2
3	4	5	6	7	8	9
10	11	12	13	14	15	16
17	18	19	20	21	22	23
24	25	26	27	28		

THURSDAY

27

FEBRUARY

M	T	W	T	F	S	S
					1	2
3	4	5	6	7	8	9
10	11	12	13	14	15	16
17	18	19	20	21	22	23
24	25	26	27	28		

FRIDAY

28

RAMADAN BEGINS

What a precious little creature. I can see why you didn't wanna harm a hair on its wrinkled little head.

—Greef Karga

FEBRUARY

M	T	W	T	F	S	S
					1	2
3	4	5	6	7	8	9
10	11	12	13	14	15	16
17	18	19	20	21	22	23
24	25	26	27	28		

SAT
1
ST. DAVID'S DAY

SUN
2

MARCH

M	T	W	T	F	S	S
					1	2
3	4	5	6	7	8	9
10	11	12	13	14	15	16
17	18	19	20	21	22	23
24	25	26	27	28	29	30
31						

MONDAY

3

You may think you have some idea what you are in possession of, but you do not. It means more to me than you will ever know.

—Moff Gideon

MARCH

M	T	W	T	F	S	S
					1	2
3	4	5	6	7	8	9
10	11	12	13	14	15	16
17	18	19	20	21	22	23
24	25	26	27	28	29	30
31						

TUESDAY

4

SHROVE TUESDAY

MARCH

M	T	W	T	F	S	S
					1	2
3	4	5	6	7	8	9
10	11	12	13	14	15	16
17	18	19	20	21	22	23
24	25	26	27	28	29	30
31						

WEDNESDAY

5

The assurance I give is this: I will act in my own self-interest, which at this time involves your cooperation and benefit.
—Moff Gideon

MARCH

M	T	W	T	F	S	S
					1	2
3	4	5	6	7	8	9
10	11	12	13	14	15	16
17	18	19	20	21	22	23
24	25	26	27	28	29	30
31						

THURSDAY

6

MARCH

M	T	W	T	F	S	S
					1	2
3	4	5	6	7	8	9
10	11	12	13	14	15	16
17	18	19	20	21	22	23
24	25	26	27	28	29	30
31						

FRIDAY

7

No living thing has seen me without my helmet since I swore the Creed.

—*The Mandalorian*

I am not a living thing.

—*IG-11*

MARCH

M	T	W	T	F	S	S
					1	2
3	4	5	6	7	8	9
10	11	12	13	14	15	16
17	18	19	20	21	22	23
24	25	26	27	28	29	30
31						

SAT
8
INTERNATIONAL WOMEN'S DAY

SUN
9

MARCH

M	T	W	T	F	S	S
					1	2
3	4	5	6	7	8	9
10	11	12	13	14	15	16
17	18	19	20	21	22	23
24	25	26	27	28	29	30
31						

MONDAY

10

You expect me to search the galaxy for the home of this creature and deliver it to a race of enemy sorcerers?

—The Mandalorian

This is the Way.

—The Armorer

MARCH

M	T	W	T	F	S	S
					1	2
3	4	5	6	7	8	9
10	11	12	13	14	15	16
17	18	19	20	21	22	23
24	25	26	27	28	29	30
31						

TUESDAY
11

MARCH

M	T	W	T	F	S	S
					1	2
3	4	5	6	7	8	9
10	11	12	13	14	15	16
17	18	19	20	21	22	23
24	25	26	27	28	29	30
31						

WEDNESDAY

12

You have earned your Signet.
You are a clan of two.
—The Armorer

MARCH

M	T	W	T	F	S	S
					1	2
3	4	5	6	7	8	9
10	11	12	13	14	15	16
17	18	19	20	21	22	23
24	25	26	27	28	29	30
31						

THURSDAY

13

MARCH

M	T	W	T	F	S	S
					1	2
3	4	5	6	7	8	9
10	11	12	13	14	15	16
17	18	19	20	21	22	23
24	25	26	27	28	29	30
31						

FRIDAY

14

Victory through combat is impossible. We will be captured. The Child will be lost. Sadly, there is no scenario where the Child is saved, in which I survive.

—IG-11

MARCH

M	T	W	T	F	S	S
					1	2
3	4	5	6	7	8	9
10	11	12	13	14	15	16
17	18	19	20	21	22	23
24	25	26	27	28	29	30
31						

SAT

15

SUN

16

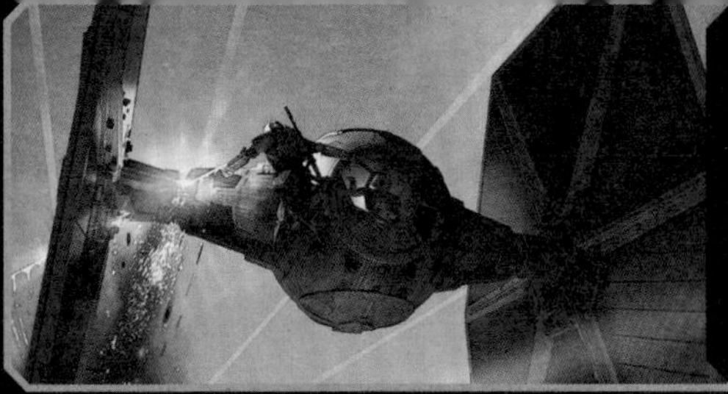

MARCH

M	T	W	T	F	S	S
					1	2
3	4	5	6	7	8	9
10	11	12	13	14	15	16
17	18	19	20	21	22	23
24	25	26	27	28	29	30
31						

MONDAY

17

ST. PATRICK'S DAY

Let's make the baby do the magic hand thing. Come on, baby! Do the magic hand thing.

—Greef Karga

MARCH

M	T	W	T	F	S	S
					1	2
3	4	5	6	7	8	9
10	11	12	13	14	15	16
17	18	19	20	21	22	23
24	25	26	27	28	29	30
31						

TUESDAY
18

MARCH

M	T	W	T	F	S	S
					1	2
3	4	5	6	7	8	9
10	11	12	13	14	15	16
17	18	19	20	21	22	23
24	25	26	27	28	29	30
31						

WEDNESDAY

19

Wherever I go, he goes.

—The Mandalorian

MARCH

M	T	W	T	F	S	S
					1	2
3	4	5	6	7	8	9
10	11	12	13	14	15	16
17	18	19	20	21	22	23
24	25	26	27	28	29	30
31						

THURSDAY

20

MARCH

M	T	W	T	F	S	S
					1	2
3	4	5	6	7	8	9
10	11	12	13	14	15	16
17	18	19	20	21	22	23
24	25	26	27	28	29	30
31						

FRIDAY

21

Looks like it remembers me. How much do you want for it? Just kidding. But not really. You know, if this thing ever divides or buds, I will gladly pay for the offspring.

—Peli Motto

MARCH

M	T	W	T	F	S	S
					1	2
3	4	5	6	7	8	9
10	11	12	13	14	15	16
17	18	19	20	21	22	23
24	25	26	27	28	29	30
31						

SAT 22 | SUN 23

MARCH

M	T	W	T	F	S	S
					1	2
3	4	5	6	7	8	9
10	11	12	13	14	15	16
17	18	19	20	21	22	23
24	25	26	27	28	29	30
31						

MONDAY

24

If I can locate another of my kind,
I can chart a path through the network
of coverts.

—The Mandalorian

MARCH

M	T	W	T	F	S	S
					1	2
3	4	5	6	7	8	9
10	11	12	13	14	15	16
17	18	19	20	21	22	23
24	25	26	27	28	29	30
31						

TUESDAY

25

MARCH

M	T	W	T	F	S	S
					1	2
3	4	5	6	7	8	9
10	11	12	13	14	15	16
17	18	19	20	21	22	23
24	25	26	27	28	29	30
31						

WEDNESDAY

26

I figure only one of us is walking out of here. But then I see the little guy and I think, maybe I pegged you wrong.
—Cobb Vanth

MARCH

M	T	W	T	F	S	S
					1	2
3	4	5	6	7	8	9
10	11	12	13	14	15	16
17	18	19	20	21	22	23
24	25	26	27	28	29	30
31						

THURSDAY

27

MARCH

M	T	W	T	F	S	S
					1	2
3	4	5	6	7	8	9
10	11	12	13	14	15	16
17	18	19	20	21	22	23
24	25	26	27	28	29	30
31						

FRIDAY

28

There's no such thing as an abandoned sarlacc pit.

—*Cobb Vanth*

There is if you eat the sarlacc.

—*The Mandalorian*

MARCH

M	T	W	T	F	S	S
					1	2
3	4	5	6	7	8	9
10	11	12	13	14	15	16
17	18	19	20	21	22	23
24	25	26	27	28	29	30
31						

SAT
29

SUN
30

MOTHER'S DAY (UK) & DAYLIGHT SAVING TIME STARTS

MARCH

M	T	W	T	F	S	S
					1	2
3	4	5	6	7	8	9
10	11	12	13	14	15	16
17	18	19	20	21	22	23
24	25	26	27	28	29	30
31						

MONDAY

31

As much as I've grown fond of the armor, I'm even more fond of this town.

—Cobb Vanth

MARCH

M	T	W	T	F	S	S
					1	2
3	4	5	6	7	8	9
10	11	12	13	14	15	16
17	18	19	20	21	22	23
24	25	26	27	28	29	30
31						

TUESDAY

1

APRIL						
M	T	W	T	F	S	S
	1	2	3	4	5	6
7	8	9	10	11	12	13
14	15	16	17	18	19	20
21	22	23	24	25	26	27
28	29	30				

WEDNESDAY

2

You finally found a Mandalorian
and ya killed him?

—Peli Motto

APRIL

M	T	W	T	F	S	S
	1	2	3	4	5	6
7	8	9	10	11	12	13
14	15	16	17	18	19	20
21	22	23	24	25	26	27
28	29	30				

THURSDAY

3

APRIL

M	T	W	T	F	S	S
	1	2	3	4	5	6
7	8	9	10	11	12	13
14	15	16	17	18	19	20
21	22	23	24	25	26	27
28	29	30				

FRIDAY

4

Moving fast is the only thing keeping me safe.
—The Mandalorian

APRIL

M	T	W	T	F	S	S
	1	2	3	4	5	6
7	8	9	10	11	12	13
14	15	16	17	18	19	20
21	22	23	24	25	26	27
28	29	30				

SAT
5

SUN
6

APRIL

M	T	W	T	F	S	S
	1	2	3	4	5	6
7	8	9	10	11	12	13
14	15	16	17	18	19	20
21	22	23	24	25	26	27
28	29	30				

MONDAY

7

No, no, no! That is not food.
Don't do that again.
—The Mandalorian

APRIL

M	T	W	T	F	S	S
	1	2	3	4	5	6
7	8	9	10	11	12	13
14	15	16	17	18	19	20
21	22	23	24	25	26	27
28	29	30				

TUESDAY
8

APRIL

M	T	W	T	F	S	S
	1	2	3	4	5	6
7	8	9	10	11	12	13
14	15	16	17	18	19	20
21	22	23	24	25	26	27
28	29	30				

WEDNESDAY

9

I thought honoring one's word was part of the Mandalorian code. I guess those are just stories for children.

—Frog Lady

APRIL

M	T	W	T	F	S	S
	1	2	3	4	5	6
7	8	9	10	11	12	13
14	15	16	17	18	19	20
21	22	23	24	25	26	27
28	29	30				

THURSDAY

10

APRIL

M	T	W	T	F	S	S
	1	2	3	4	5	6
7	8	9	10	11	12	13
14	15	16	17	18	19	20
21	22	23	24	25	26	27
28	29	30				

FRIDAY

11

Dank farrik.

—*The Mandalorian*

APRIL

M	T	W	T	F	S	S
	1	2	3	4	5	6
7	8	9	10	11	12	13
14	15	16	17	18	19	20
21	22	23	24	25	26	27
28	29	30				

SAT
12
PASSOVER BEGINS

SUN
13

APRIL

M	T	W	T	F	S	S
	1	2	3	4	5	6
7	8	9	10	11	12	13
14	15	16	17	18	19	20
21	22	23	24	25	26	27
28	29	30				

MONDAY

14

Our enemies wanna separate us.
Mandalorians are stronger together.
—Bo-Katan Kryze

APRIL

M	T	W	T	F	S	S
	1	2	3	4	5	6
7	8	9	10	11	12	13
14	15	16	17	18	19	20
21	22	23	24	25	26	27
28	29	30				

TUESDAY
15

APRIL

M	T	W	T	F	S	S
	1	2	3	4	5	6
7	8	9	10	11	12	13
14	15	16	17	18	19	20
21	22	23	24	25	26	27
28	29	30				

WEDNESDAY

16

Imagine what a division of us can do when we get our hands on what's inside these shiny little boxes.

—Bo-Katan Kryze

APRIL

M	T	W	T	F	S	S
	1	2	3	4	5	6
7	8	9	10	11	12	13
14	15	16	17	18	19	20
21	22	23	24	25	26	27
28	29	30				

THURSDAY

17

APRIL

M	T	W	T	F	S	S
	1	2	3	4	5	6
7	8	9	10	11	12	13
14	15	16	17	18	19	20
21	22	23	24	25	26	27
28	29	30				

FRIDAY

18

GOOD FRIDAY

Take the Foundling to the city of Calodan on the forest planet of Corvus. There you will find Ahsoka Tano.

—Bo-Katan Kryze

APRIL

M	T	W	T	F	S	S
	1	2	3	4	5	6
7	8	9	10	11	12	13
14	15	16	17	18	19	20
21	22	23	24	25	26	27
28	29	30				

SAT	SUN
19	20
	EASTER SUNDAY

APRIL

M	T	W	T	F	S	S
	1	2	3	4	5	6
7	8	9	10	11	12	13
14	15	16	17	18	19	20
21	22	23	24	25	26	27
28	29	30				

MONDAY

21

EASTER MONDAY

I finally know where I'm taking you.
But it's gonna be a bumpy ride.
—*The Mandalorian*

APRIL

M	T	W	T	F	S	S
	1	2	3	4	5	6
7	8	9	10	11	12	13
14	15	16	17	18	19	20
21	22	23	24	25	26	27
28	29	30				

TUESDAY
22

APRIL

M	T	W	T	F	S	S
	1	2	3	4	5	6
7	8	9	10	11	12	13
14	15	16	17	18	19	20
21	22	23	24	25	26	27
28	29	30				

WEDNESDAY

23

ST. GEORGE'S DAY

And you, come here, little one!
Has Mando been taking good care
of you, huh? Have you been takin'
good care o' him?

—Greef Karga

APRIL

M	T	W	T	F	S	S
	1	2	3	4	5	6
7	8	9	10	11	12	13
14	15	16	17	18	19	20
21	22	23	24	25	26	27
28	29	30				

THURSDAY
24

APRIL

M	T	W	T	F	S	S
	1	2	3	4	5	6
7	8	9	10	11	12	13
14	15	16	17	18	19	20
21	22	23	24	25	26	27
28	29	30				

FRIDAY

25

They should leave the Outer Rim alone. If the Empire couldn't settle it, what makes them think they can?

—Greef Karga

APRIL

M	T	W	T	F	S	S
	1	2	3	4	5	6
7	8	9	10	11	12	13
14	15	16	17	18	19	20
21	22	23	24	25	26	27
28	29	30				

SAT
26

SUN
27

APRIL

M	T	W	T	F	S	S
	1	2	3	4	5	6
7	8	9	10	11	12	13
14	15	16	17	18	19	20
21	22	23	24	25	26	27
28	29	30				

MONDAY 28

Does he still have the asset?
—Moff Gideon

Yes. Our source confirmed it.
—Elia Kane

And we will be ready.
—Moff Gideon

APRIL

M	T	W	T	F	S	S
	1	2	3	4	5	6
7	8	9	10	11	12	13
14	15	16	17	18	19	20
21	22	23	24	25	26	27
28	29	30				

TUESDAY
29

APRIL

M	T	W	T	F	S	S
	1	2	3	4	5	6
7	8	9	10	11	12	13
14	15	16	17	18	19	20
21	22	23	24	25	26	27
28	29	30				

WEDNESDAY
30

Bo-Katan sent me. We need to talk.
—The Mandalorian

I hope it's about him.
—Ahsoka Tano

APRIL

M	T	W	T	F	S	S
	1	2	3	4	5	6
7	8	9	10	11	12	13
14	15	16	17	18	19	20
21	22	23	24	25	26	27
28	29	30				

THURSDAY

1

MAY

M	T	W	T	F	S	S
			1	2	3	4
5	6	7	8	9	10	11
12	13	14	15	16	17	18
19	20	21	22	23	24	25
26	27	28	29	30	31	

FRIDAY

2

I've only known one other being like this—a wise Jedi Master named Yoda.

—*Ahsoka Tano*

MAY

M	T	W	T	F	S	S
			1	2	3	4
5	6	7	8	9	10	11
12	13	14	15	16	17	18
19	20	21	22	23	24	25
26	27	28	29	30	31	

SAT
3

SUN
4
STAR WARS DAY

MAY

M	T	W	T	F	S	S
			1	2	3	4
5	6	7	8	9	10	11
12	13	14	15	16	17	18
19	20	21	22	23	24	25
26	27	28	29	30	31	

MONDAY

5

EARLY MAY BANK HOLIDAY

I like firsts. Good or bad, they're always memorable.

—Ahsoka Tano

MAY						
M	T	W	T	F	S	S
			1	2	3	4
5	6	7	8	9	10	11
12	13	14	15	16	17	18
19	20	21	22	23	24	25
26	27	28	29	30	31	

TUESDAY
6

MAY

M	T	W	T	F	S	S
			1	2	3	4
5	6	7	8	9	10	11
12	13	14	15	16	17	18
19	20	21	22	23	24	25
26	27	28	29	30	31	

WEDNESDAY

7

A Mandalorian and a Jedi? They'll never see it coming.
—The Mandalorian

MAY

M	T	W	T	F	S	S
			1	2	3	4
5	6	7	8	9	10	11
12	13	14	15	16	17	18
19	20	21	22	23	24	25
26	27	28	29	30	31	

THURSDAY

8

MAY

M	T	W	T	F	S	S
			1	2	3	4
5	6	7	8	9	10	11
12	13	14	15	16	17	18
19	20	21	22	23	24	25
26	27	28	29	30	31	

FRIDAY

9

Then Grogu may choose his path.
—Ahsoka Tano

MAY

M	T	W	T	F	S	S
			1	2	3	4
5	6	7	8	9	10	11
12	13	14	15	16	17	18
19	20	21	22	23	24	25
26	27	28	29	30	31	

SAT 10 | **SUN** 11

MAY

M	T	W	T	F	S	S
			1	2	3	4
5	6	7	8	9	10	11
12	13	14	15	16	17	18
19	20	21	22	23	24	25
26	27	28	29	30	31	

MONDAY

12

She was left for dead on the sands of Tatooine, as was I. But fate sometimes steps in to rescue the wretched.

—Boba Fett

MAY

M	T	W	T	F	S	S
			1	2	3	4
5	6	7	8	9	10	11
12	13	14	15	16	17	18
19	20	21	22	23	24	25
26	27	28	29	30	31	

TUESDAY

13

MAY

M	T	W	T	F	S	S
			1	2	3	4
5	6	7	8	9	10	11
12	13	14	15	16	17	18
19	20	21	22	23	24	25
26	27	28	29	30	31	

WEDNESDAY
14

The bounty on your little friend has risen significantly.
—*Fennec Shand*

MAY

M	T	W	T	F	S	S
			1	2	3	4
5	6	7	8	9	10	11
12	13	14	15	16	17	18
19	20	21	22	23	24	25
26	27	28	29	30	31	

THURSDAY

15

MAY

M	T	W	T	F	S	S
			1	2	3	4
5	6	7	8	9	10	11
12	13	14	15	16	17	18
19	20	21	22	23	24	25
26	27	28	29	30	31	

FRIDAY

16

We agreed in exchange for the return of my armor, we will ensure the safety of the Child. Until he is returned to you safely, we are in your debt.

—Boba Fett

MAY

M	T	W	T	F	S	S
			1	2	3	4
5	6	7	8	9	10	11
12	13	14	15	16	17	18
19	20	21	22	23	24	25
26	27	28	29	30	31	

SAT 17 | SUN 18

MAY

M	T	W	T	F	S	S
			1	2	3	4
5	6	7	8	9	10	11
12	13	14	15	16	17	18
19	20	21	22	23	24	25
26	27	28	29	30	31	

MONDAY

19

You're not ready to play with such things. Liable to put an eye out with one of these.

—Moff Gideon

MAY

M	T	W	T	F	S	S
			1	2	3	4
5	6	7	8	9	10	11
12	13	14	15	16	17	18
19	20	21	22	23	24	25
26	27	28	29	30	31	

TUESDAY

20

MAY

M	T	W	T	F	S	S
			1	2	3	4
5	6	7	8	9	10	11
12	13	14	15	16	17	18
19	20	21	22	23	24	25
26	27	28	29	30	31	

WEDNESDAY
21

As far as I'm concerned, if you can make it through your day and still sleep at night, you're doin' better than most.

—Migs Mayfeld

MAY

M	T	W	T	F	S	S
			1	2	3	4
5	6	7	8	9	10	11
12	13	14	15	16	17	18
19	20	21	22	23	24	25
26	27	28	29	30	31	

THURSDAY

22

MAY

M	T	W	T	F	S	S
			1	2	3	4
5	6	7	8	9	10	11
12	13	14	15	16	17	18
19	20	21	22	23	24	25
26	27	28	29	30	31	

FRIDAY

23

You see, boys, everybody thinks they want freedom, but what they really want is order.

—Valin Hess

MAY

M	T	W	T	F	S	S
			1	2	3	4
5	6	7	8	9	10	11
12	13	14	15	16	17	18
19	20	21	22	23	24	25
26	27	28	29	30	31	

SAT	SUN
24	25

MAY

M	T	W	T	F	S	S
			1	2	3	4
5	6	7	8	9	10	11
12	13	14	15	16	17	18
19	20	21	22	23	24	25
26	27	28	29	30	31	

MONDAY

26

SPRING BANK HOLIDAY

You may think you have some idea what you are in possession of, but you do not. It means more to me than you will ever know.

—The Mandalorian

MAY

M	T	W	T	F	S	S
			1	2	3	4
5	6	7	8	9	10	11
12	13	14	15	16	17	18
19	20	21	22	23	24	25
26	27	28	29	30	31	

TUESDAY

27

MAY

M	T	W	T	F	S	S
			1	2	3	4
5	6	7	8	9	10	11
12	13	14	15	16	17	18
19	20	21	22	23	24	25
26	27	28	29	30	31	

WEDNESDAY

28

If we had shown half that spine to the Empire, we would've never lost our planet.

—Bo-Katan Kryze

MAY

M	T	W	T	F	S	S
			1	2	3	4
5	6	7	8	9	10	11
12	13	14	15	16	17	18
19	20	21	22	23	24	25
26	27	28	29	30	31	

THURSDAY

29

MAY

M	T	W	T	F	S	S
			1	2	3	4
5	6	7	8	9	10	11
12	13	14	15	16	17	18
19	20	21	22	23	24	25
26	27	28	29	30	31	

FRIDAY

30

Help me rescue the Child, and you can have whatever you want. He is my only priority.

—*The Mandalorian*

MAY						
M	T	W	T	F	S	S
			1	2	3	4
5	6	7	8	9	10	11
12	13	14	15	16	17	18
19	20	21	22	23	24	25
26	27	28	29	30	31	

SAT	SUN
31	1

MAY/JUN

M	T	W	T	F	S	S
			1	2	3	4
5	6	7	8	9	10	11
12	13	14	15	16	17	18
19	20	21	22	23	24	25
26	27	28	29	30	31	1

MONDAY

2

This Child is extremely gifted and has been blessed with rare properties that have potential to bring order back to the galaxy.

—Moff Gideon

JUNE

M	T	W	T	F	S	S
						1
2	3	4	5	6	7	8
9	10	11	12	13	14	15
16	17	18	19	20	21	22
23	24	25	26	27	28	29
30						

TUESDAY
3

JUNE

M	T	W	T	F	S	S
						1
2	3	4	5	6	7	8
9	10	11	12	13	14	15
16	17	18	19	20	21	22
23	24	25	26	27	28	29
30						

WEDNESDAY
4

Without that blade, she's a pretender to the throne.
—*Moff Gideon*

JUNE

M	T	W	T	F	S	S
						1
2	3	4	5	6	7	8
9	10	11	12	13	14	15
16	17	18	19	20	21	22
23	24	25	26	27	28	29
30						

THURSDAY

5

JUNE

M	T	W	T	F	S	S
						1
2	3	4	5	6	7	8
9	10	11	12	13	14	15
16	17	18	19	20	21	22
23	24	25	26	27	28	29
30						

FRIDAY

6

He is strong with the Force, but talent without training is nothing.

—Luke Skywalker

JUNE

M	T	W	T	F	S	S
						1
2	3	4	5	6	7	8
9	10	11	12	13	14	15
16	17	18	19	20	21	22
23	24	25	26	27	28	29
30						

SAT 7 | SUN 8

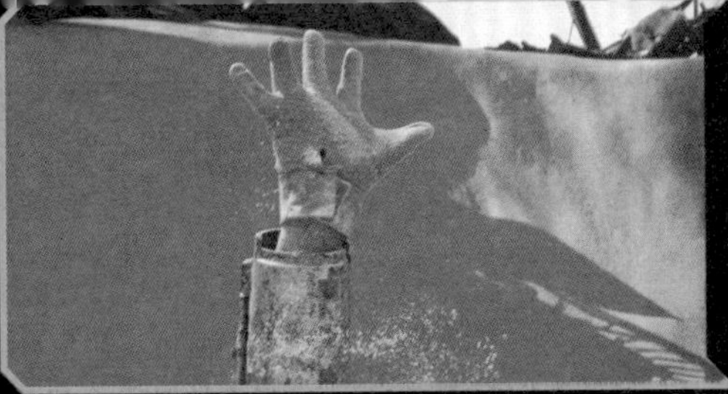

JUNE

M	T	W	T	F	S	S
						1
2	3	4	5	6	7	8
9	10	11	12	13	14	15
16	17	18	19	20	21	22
23	24	25	26	27	28	29
30						

MONDAY

9

May you never leave Mos Espa.

—Dokk Strassi

Even when a Trandoshan pays you a compliment, it sounds like a threat.

—Boba Fett

JUNE

M	T	W	T	F	S	S
						1
2	3	4	5	6	7	8
9	10	11	12	13	14	15
16	17	18	19	20	21	22
23	24	25	26	27	28	29
30						

TUESDAY

10

JUNE

M	T	W	T	F	S	S
						1
2	3	4	5	6	7	8
9	10	11	12	13	14	15
16	17	18	19	20	21	22
23	24	25	26	27	28	29
30						

WEDNESDAY

11

Another understandable misunderstanding. The, uh, only tribute I bear is the Mayor's heartfelt welcome, which I express in his stead.

—Mok Shaiz's Majordomo

JUNE

M	T	W	T	F	S	S
						1
2	3	4	5	6	7	8
9	10	11	12	13	14	15
16	17	18	19	20	21	22
23	24	25	26	27	28	29
30						

THURSDAY

12

JUNE

M	T	W	T	F	S	S
						1
2	3	4	5	6	7	8
9	10	11	12	13	14	15
16	17	18	19	20	21	22
23	24	25	26	27	28	29
30						

FRIDAY

13

Lord Fett offers the gift of your leave unmolested.

—Fennec Shand

JUNE

M	T	W	T	F	S	S
						1
2	3	4	5	6	7	8
9	10	11	12	13	14	15
16	17	18	19	20	21	22
23	24	25	26	27	28	29
30						

SAT
14

SUN
15
FATHER'S DAY
(UK)

JUNE

M	T	W	T	F	S	S
						1
2	3	4	5	6	7	8
9	10	11	12	13	14	15
16	17	18	19	20	21	22
23	24	25	26	27	28	29
30						

MONDAY

16

Jabba ruled with fear. I intend
to rule with respect.

—Boba Fett

In difficult times, fear is a surer bet.

—Fennec Shand

JUNE

M	T	W	T	F	S	S
						1
2	3	4	5	6	7	8
9	10	11	12	13	14	15
16	17	18	19	20	21	22
23	24	25	26	27	28	29
30						

TUESDAY

17

JUNE

M	T	W	T	F	S	S
						1
2	3	4	5	6	7	8
9	10	11	12	13	14	15
16	17	18	19	20	21	22
23	24	25	26	27	28	29
30						

WEDNESDAY

18

You serve as long as the Daimyo of
Tatooine deem it so.
—Boba Fett

JUNE

M	T	W	T	F	S	S
						1
2	3	4	5	6	7	8
9	10	11	12	13	14	15
16	17	18	19	20	21	22
23	24	25	26	27	28	29
30						

THURSDAY
19

JUNE

M	T	W	T	F	S	S
						1
2	3	4	5	6	7	8
9	10	11	12	13	14	15
16	17	18	19	20	21	22
23	24	25	26	27	28	29
30						

FRIDAY

20

Running a family is more complicated than bounty hunting.

—Mok Shaiz

JUNE						
M	T	W	T	F	S	S
						1
2	3	4	5	6	7	8
9	10	11	12	13	14	15
16	17	18	19	20	21	22
23	24	25	26	27	28	29
30						

SAT 21 | SUN 22

JUNE

M	T	W	T	F	S	S
						1
2	3	4	5	6	7	8
9	10	11	12	13	14	15
16	17	18	19	20	21	22
23	24	25	26	27	28	29
30						

MONDAY
23

Sleep lightly, bounty hunter.
—Hutt Twin

JUNE

M	T	W	T	F	S	S
						1
2	3	4	5	6	7	8
9	10	11	12	13	14	15
16	17	18	19	20	21	22
23	24	25	26	27	28	29
30						

TUESDAY

24

JUNE

M	T	W	T	F	S	S
						1
2	3	4	5	6	7	8
9	10	11	12	13	14	15
16	17	18	19	20	21	22
23	24	25	26	27	28	29
30						

WEDNESDAY

25

ISLAMIC NEW YEAR BEGINS

Your lives are a gesture of our civility.

—Boba Fett

JUNE

M	T	W	T	F	S	S
						1
2	3	4	5	6	7	8
9	10	11	12	13	14	15
16	17	18	19	20	21	22
23	24	25	26	27	28	29
30						

THURSDAY

26

JUNE

M	T	W	T	F	S	S
						1
2	3	4	5	6	7	8
9	10	11	12	13	14	15
16	17	18	19	20	21	22
23	24	25	26	27	28	29
30						

FRIDAY

27

Well, now I am insulted.
—*Boba Fett*

JUNE

M	T	W	T	F	S	S
						1
2	3	4	5	6	7	8
9	10	11	12	13	14	15
16	17	18	19	20	21	22
23	24	25	26	27	28	29
30						

SAT
28

SUN
29

JUNE

M	T	W	T	F	S	S
						1
2	3	4	5	6	7	8
9	10	11	12	13	14	15
16	17	18	19	20	21	22
23	24	25	26	27	28	29
30						

MONDAY

30

Everyone is waiting to see what kind of leader you are.

—8D8

JUNE

M	T	W	T	F	S	S
						1
2	3	4	5	6	7	8
9	10	11	12	13	14	15
16	17	18	19	20	21	22
23	24	25	26	27	28	29
30						

TUESDAY

1

JULY

M	T	W	T	F	S	S
	1	2	3	4	5	6
7	8	9	10	11	12	13
14	15	16	17	18	19	20
21	22	23	24	25	26	27
28	29	30	31			

WEDNESDAY
2

I'm the Daimyo of this district and
I will bring order.

—Boba Fett

You're a crime boss. Just like
the rest of them.

—Drash

JULY

M	T	W	T	F	S	S
	1	2	3	4	5	6
7	8	9	10	11	12	13
14	15	16	17	18	19	20
21	22	23	24	25	26	27
28	29	30	31			

THURSDAY

3

JULY						
M	T	W	T	F	S	S
	1	2	3	4	5	6
7	8	9	10	11	12	13
14	15	16	17	18	19	20
21	22	23	24	25	26	27
28	29	30	31			

FRIDAY

4

Take it from an ex-bounty hunter, don't work for scugholes. It's not worth it.

—Boba Fett

JULY

M	T	W	T	F	S	S
	1	2	3	4	5	6
7	8	9	10	11	12	13
14	15	16	17	18	19	20
21	22	23	24	25	26	27
28	29	30	31			

SAT
5

SUN
6

JULY

M	T	W	T	F	S	S
	1	2	3	4	5	6
7	8	9	10	11	12	13
14	15	16	17	18	19	20
21	22	23	24	25	26	27
28	29	30	31			

MONDAY
7

If you wish to continue breathing,
I advise you to weigh your next
words carefully.
—Fennec Shand

JULY

M	T	W	T	F	S	S
	1	2	3	4	5	6
7	8	9	10	11	12	13
14	15	16	17	18	19	20
21	22	23	24	25	26	27
28	29	30	31			

TUESDAY
8

JULY

M	T	W	T	F	S	S
	1	2	3	4	5	6
7	8	9	10	11	12	13
14	15	16	17	18	19	20
21	22	23	24	25	26	27
28	29	30	31			

WEDNESDAY

9

I was left for dead on the sands of Tatooine. Like you.

—Boba Fett

JULY

M	T	W	T	F	S	S
	1	2	3	4	5	6
7	8	9	10	11	12	13
14	15	16	17	18	19	20
21	22	23	24	25	26	27
28	29	30	31			

THURSDAY
10

JULY

M	T	W	T	F	S	S
	1	2	3	4	5	6
7	8	9	10	11	12	13
14	15	16	17	18	19	20
21	22	23	24	25	26	27
28	29	30	31			

FRIDAY

11

If the ship is yours, why don't you just ask for it back?

—*Fennec Shand*

Because I might not like the answer. Without my armor, I'm less persuasive.

—*Boba Fett*

JULY

M	T	W	T	F	S	S
	1	2	3	4	5	6
7	8	9	10	11	12	13
14	15	16	17	18	19	20
21	22	23	24	25	26	27
28	29	30	31			

SAT
12

SUN
13

JULY

M	T	W	T	F	S	S
	1	2	3	4	5	6
7	8	9	10	11	12	13
14	15	16	17	18	19	20
21	22	23	24	25	26	27
28	29	30	31			

MONDAY

14

BANK HOLIDAY
(NORTHERN IRELAND)

I'm tired of our kind dying because of the idiocy of others. We're smarter than them.

—*Boba Fett*

JULY

M	T	W	T	F	S	S
	1	2	3	4	5	6
7	8	9	10	11	12	13
14	15	16	17	18	19	20
21	22	23	24	25	26	27
28	29	30	31			

TUESDAY
15

JULY

M	T	W	T	F	S	S
	1	2	3	4	5	6
7	8	9	10	11	12	13
14	15	16	17	18	19	20
21	22	23	24	25	26	27
28	29	30	31			

WEDNESDAY 16

You can only get so far without a tribe.
—Boba Fett

JULY

M	T	W	T	F	S	S
	1	2	3	4	5	6
7	8	9	10	11	12	13
14	15	16	17	18	19	20
21	22	23	24	25	26	27
28	29	30	31			

THURSDAY

17

JULY

M	T	W	T	F	S	S
	1	2	3	4	5	6
7	8	9	10	11	12	13
14	15	16	17	18	19	20
21	22	23	24	25	26	27
28	29	30	31			

FRIDAY

18

Power hates a vacuum.

—Boba Fett

JULY

M	T	W	T	F	S	S
	1	2	3	4	5	6
7	8	9	10	11	12	13
14	15	16	17	18	19	20
21	22	23	24	25	26	27
28	29	30	31			

SAT **19** | SUN **20**

JULY

M	T	W	T	F	S	S
	1	2	3	4	5	6
7	8	9	10	11	12	13
14	15	16	17	18	19	20
21	22	23	24	25	26	27
28	29	30	31			

MONDAY

21

The songs of eons past foretold of the Mythosaur rising up to herald a new age of Mandalore. Sadly, it only exists in legends.

—The Armorer

JULY

M	T	W	T	F	S	S
	1	2	3	4	5	6
7	8	9	10	11	12	13
14	15	16	17	18	19	20
21	22	23	24	25	26	27
28	29	30	31			

TUESDAY

22

JULY

M	T	W	T	F	S	S
	1	2	3	4	5	6
7	8	9	10	11	12	13
14	15	16	17	18	19	20
21	22	23	24	25	26	27
28	29	30	31			

WEDNESDAY
23

Loyalty and solidarity are the Way.
—The Mandalorian

JULY

M	T	W	T	F	S	S
	1	2	3	4	5	6
7	8	9	10	11	12	13
14	15	16	17	18	19	20
21	22	23	24	25	26	27
28	29	30	31			

THURSDAY

24

JULY

M	T	W	T	F	S	S
	1	2	3	4	5	6
7	8	9	10	11	12	13
14	15	16	17	18	19	20
21	22	23	24	25	26	27
28	29	30	31			

FRIDAY

25

Persistence without insight will lead to the same outcome.

—The Armorer

JULY

M	T	W	T	F	S	S
	1	2	3	4	5	6
7	8	9	10	11	12	13
14	15	16	17	18	19	20
21	22	23	24	25	26	27
28	29	30	31			

SAT 26 | SUN 27

JULY

M	T	W	T	F	S	S
	1	2	3	4	5	6
7	8	9	10	11	12	13
14	15	16	17	18	19	20
21	22	23	24	25	26	27
28	29	30	31			

MONDAY

28

Then, you are a Mandalorian no more.

—The Armorer

JULY

M	T	W	T	F	S	S
	1	2	3	4	5	6
7	8	9	10	11	12	13
14	15	16	17	18	19	20
21	22	23	24	25	26	27
28	29	30	31			

TUESDAY

29

JULY

M	T	W	T	F	S	S
	1	2	3	4	5	6
7	8	9	10	11	12	13
14	15	16	17	18	19	20
21	22	23	24	25	26	27
28	29	30	31			

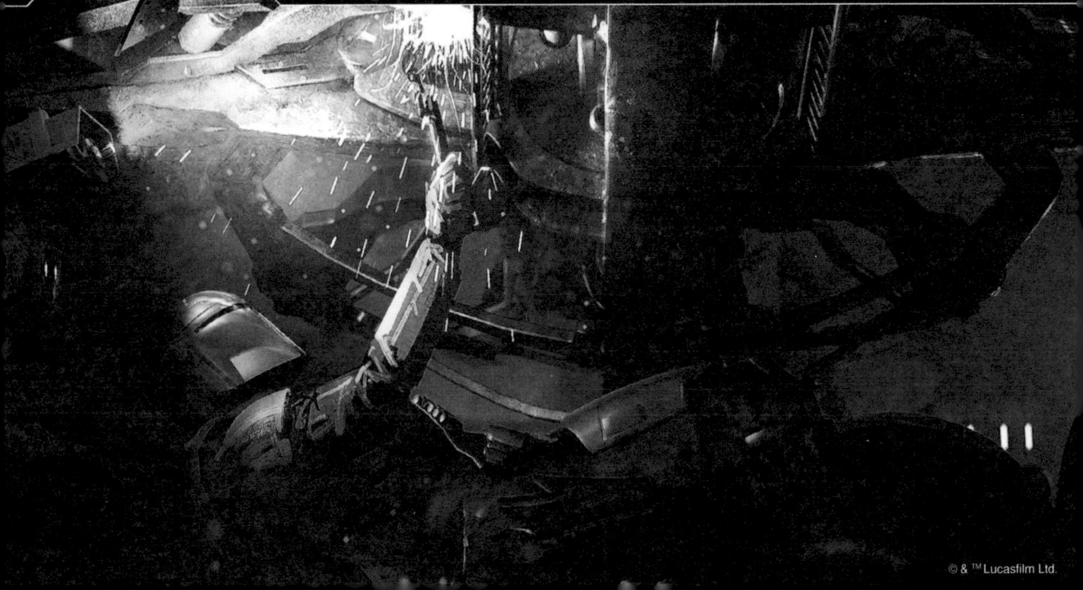

WEDNESDAY

30

Dated a Jawa for a while. They're quite furry. Very furry.

—Peli Motto

JULY

M	T	W	T	F	S	S
	1	2	3	4	5	6
7	8	9	10	11	12	13
14	15	16	17	18	19	20
21	22	23	24	25	26	27
28	29	30	31			

THURSDAY
31

JULY

M	T	W	T	F	S	S
	1	2	3	4	5	6
7	8	9	10	11	12	13
14	15	16	17	18	19	20
21	22	23	24	25	26	27
28	29	30	31			

FRIDAY

1

I want to tell you about someone you
remind me of a great deal.
His name was Yoda.

—Luke Skywalker

AUGUST

M	T	W	T	F	S	S
				1	2	3
4	5	6	7	8	9	10
11	12	13	14	15	16	17
18	19	20	21	22	23	24
25	26	27	28	29	30	31

SAT

2

SUN

3

AUGUST

M	T	W	T	F	S	S
				1	2	3
4	5	6	7	8	9	10
11	12	13	14	15	16	17
18	19	20	21	22	23	24
25	26	27	28	29	30	31

MONDAY

4

SUMMER BANK HOLIDAY
(SCOTLAND)

The wide world exists in balance. Feel the Force all around you. Through the Force, you will find balance as well.

—Luke Skywalker

AUGUST

M	T	W	T	F	S	S
				1	2	3
4	5	6	7	8	9	10
11	12	13	14	15	16	17
18	19	20	21	22	23	24
25	26	27	28	29	30	31

TUESDAY
5

AUGUST

M	T	W	T	F	S	S
				1	2	3
4	5	6	7	8	9	10
11	12	13	14	15	16	17
18	19	20	21	22	23	24
25	26	27	28	29	30	31

WEDNESDAY

6

Sometimes the student guides the master.

—Ahsoka Tano

AUGUST

M	T	W	T	F	S	S
				1	2	3
4	5	6	7	8	9	10
11	12	13	14	15	16	17
18	19	20	21	22	23	24
25	26	27	28	29	30	31

THURSDAY

7

AUGUST

M	T	W	T	F	S	S
				1	2	3
4	5	6	7	8	9	10
11	12	13	14	15	16	17
18	19	20	21	22	23	24
25	26	27	28	29	30	31

FRIDAY

8

May the Force be with you.

—Ahsoka Tano

AUGUST

M	T	W	T	F	S	S
				1	2	3
4	5	6	7	8	9	10
11	12	13	14	15	16	17
18	19	20	21	22	23	24
25	26	27	28	29	30	31

SAT
9

SUN
10

AUGUST

M	T	W	T	F	S	S
				1	2	3
4	5	6	7	8	9	10
11	12	13	14	15	16	17
18	19	20	21	22	23	24
25	26	27	28	29	30	31

MONDAY 11

A short time for you is a lifetime for someone else.

—Luke Skywalker

AUGUST

M	T	W	T	F	S	S
				1	2	3
4	5	6	7	8	9	10
11	12	13	14	15	16	17
18	19	20	21	22	23	24
25	26	27	28	29	30	31

TUESDAY

12

AUGUST

M	T	W	T	F	S	S
				1	2	3
4	5	6	7	8	9	10
11	12	13	14	15	16	17
18	19	20	21	22	23	24
25	26	27	28	29	30	31

WEDNESDAY
13

Grogu? Whoa! That's a terrible name.
—Peli Motto

AUGUST

M	T	W	T	F	S	S
				1	2	3
4	5	6	7	8	9	10
11	12	13	14	15	16	17
18	19	20	21	22	23	24
25	26	27	28	29	30	31

THURSDAY
14

AUGUST

M	T	W	T	F	S	S
				1	2	3
4	5	6	7	8	9	10
11	12	13	14	15	16	17
18	19	20	21	22	23	24
25	26	27	28	29	30	31

FRIDAY

15

If you refuse these terms, the arid sands of Tatooine will once again flourish with flowered fields fertilized with the bodies of your dead.

—Mok Shaiz's Majordomo

AUGUST

M	T	W	T	F	S	S
				1	2	3
4	5	6	7	8	9	10
11	12	13	14	15	16	17
18	19	20	21	22	23	24
25	26	27	28	29	30	31

SAT	SUN
16	17

AUGUST

M	T	W	T	F	S	S
				1	2	3
4	5	6	7	8	9	10
11	12	13	14	15	16	17
18	19	20	21	22	23	24
25	26	27	28	29	30	31

MONDAY
18

What is he doing here?
—*The Mandalorian*

The Force works in mysterious ways.
—*Peli Motto*

AUGUST

M	T	W	T	F	S	S
				1	2	3
4	5	6	7	8	9	10
11	12	13	14	15	16	17
18	19	20	21	22	23	24
25	26	27	28	29	30	31

TUESDAY

19

AUGUST

M	T	W	T	F	S	S
				1	2	3
4	5	6	7	8	9	10
11	12	13	14	15	16	17
18	19	20	21	22	23	24
25	26	27	28	29	30	31

WEDNESDAY

20

You've got your father's blood pumping through your veins. You're a killer.

—Cad Bane

AUGUST

M	T	W	T	F	S	S
				1	2	3
4	5	6	7	8	9	10
11	12	13	14	15	16	17
18	19	20	21	22	23	24
25	26	27	28	29	30	31

THURSDAY
21

AUGUST

M	T	W	T	F	S	S
				1	2	3
4	5	6	7	8	9	10
11	12	13	14	15	16	17
18	19	20	21	22	23	24
25	26	27	28	29	30	31

FRIDAY
22

Why must everyone bow at me?
—Boba Fett

It's better than shooting.
—Fennec Shand

Are those my only two choices?
—Boba Fett

When you run the town, it is.
—Fennec Shand

AUGUST

M	T	W	T	F	S	S
				1	2	3
4	5	6	7	8	9	10
11	12	13	14	15	16	17
18	19	20	21	22	23	24
25	26	27	28	29	30	31

SAT 23 | SUN 24

AUGUST

M	T	W	T	F	S	S
				1	2	3
4	5	6	7	8	9	10
11	12	13	14	15	16	17
18	19	20	21	22	23	24
25	26	27	28	29	30	31

MONDAY

25

SUMMER BANK HOLIDAY
(ENG, NIR, WAL)

The Creed teaches us of redemption.
—The Mandalorian

Redemption is no longer possible since the destruction of our home world.
—The Armorer

AUGUST

M	T	W	T	F	S	S
				1	2	3
4	5	6	7	8	9	10
11	12	13	14	15	16	17
18	19	20	21	22	23	24
25	26	27	28	29	30	31

TUESDAY

26

AUGUST

M	T	W	T	F	S	S
				1	2	3
4	5	6	7	8	9	10
11	12	13	14	15	16	17
18	19	20	21	22	23	24
25	26	27	28	29	30	31

WEDNESDAY

27

The last thing we intend is to bow down to yet another far-off bureaucracy.
—Greef Karga

AUGUST

M	T	W	T	F	S	S
				1	2	3
4	5	6	7	8	9	10
11	12	13	14	15	16	17
18	19	20	21	22	23	24
25	26	27	28	29	30	31

THURSDAY

28

AUGUST

M	T	W	T	F	S	S
				1	2	3
4	5	6	7	8	9	10
11	12	13	14	15	16	17
18	19	20	21	22	23	24
25	26	27	28	29	30	31

FRIDAY

29

Wave that thing around and they'll do whatever you say.

—Bo-Katan Kryze

AUGUST

M	T	W	T	F	S	S
				1	2	3
4	5	6	7	8	9	10
11	12	13	14	15	16	17
18	19	20	21	22	23	24
25	26	27	28	29	30	31

SAT 30 | SUN 31

AUGUST

M	T	W	T	F	S	S
				1	2	3
4	5	6	7	8	9	10
11	12	13	14	15	16	17
18	19	20	21	22	23	24
25	26	27	28	29	30	31

MONDAY
1

Hey, if you don't settle your bolts,
I'll sell you back to the Jawas.
—*Peli Motto*

SEPTEMBER

M	T	W	T	F	S	S
1	2	3	4	5	6	7
8	9	10	11	12	13	14
15	16	17	18	19	20	21
22	23	24	25	26	27	28
29	30					

TUESDAY

2

SEPTEMBER

M	T	W	T	F	S	S
1	2	3	4	5	6	7
8	9	10	11	12	13	14
15	16	17	18	19	20	21
22	23	24	25	26	27	28
29	30					

WEDNESDAY

3

All right, kid. You ready for
an adventure?
—The Mandalorian

SEPTEMBER

M	T	W	T	F	S	S
1	2	3	4	5	6	7
8	9	10	11	12	13	14
15	16	17	18	19	20	21
22	23	24	25	26	27	28
29	30					

THURSDAY

4

SEPTEMBER

M	T	W	T	F	S	S
1	2	3	4	5	6	7
8	9	10	11	12	13	14
15	16	17	18	19	20	21
22	23	24	25	26	27	28
29	30					

FRIDAY
5

This was once a beautiful civilization.
My family ruled it all. Now it's a tomb.
—Bo-Katan Kryze

SEPTEMBER

M	T	W	T	F	S	S
1	2	3	4	5	6	7
8	9	10	11	12	13	14
15	16	17	18	19	20	21
22	23	24	25	26	27	28
29	30					

SAT
6

SUN
7

SEPTEMBER

M	T	W	T	F	S	S
1	2	3	4	5	6	7
8	9	10	11	12	13	14
15	16	17	18	19	20	21
22	23	24	25	26	27	28
29	30					

MONDAY

8

He's tougher than he looks. And he's quite the navigator.
—Bo-Katan Kryze

SEPTEMBER

M	T	W	T	F	S	S
1	2	3	4	5	6	7
8	9	10	11	12	13	14
15	16	17	18	19	20	21
22	23	24	25	26	27	28
29	30					

TUESDAY
9

SEPTEMBER

M	T	W	T	F	S	S
1	2	3	4	5	6	7
8	9	10	11	12	13	14
15	16	17	18	19	20	21
22	23	24	25	26	27	28
29	30					

WEDNESDAY

10

Without the Creed, what are we?
What do we stand for?
—The Mandalorian

SEPTEMBER

M	T	W	T	F	S	S
1	2	3	4	5	6	7
8	9	10	11	12	13	14
15	16	17	18	19	20	21
22	23	24	25	26	27	28
29	30					

THURSDAY
11

SEPTEMBER

M	T	W	T	F	S	S
1	2	3	4	5	6	7
8	9	10	11	12	13	14
15	16	17	18	19	20	21
22	23	24	25	26	27	28
29	30					

FRIDAY

12

I took the Creed and was showered with gifts. But the rituals were all just theater for our subjects.

—Bo-Katan Kryze

SEPTEMBER

M	T	W	T	F	S	S
1	2	3	4	5	6	7
8	9	10	11	12	13	14
15	16	17	18	19	20	21
22	23	24	25	26	27	28
29	30					

SAT
13

SUN
14

SEPTEMBER

M	T	W	T	F	S	S
1	2	3	4	5	6	7
8	9	10	11	12	13	14
15	16	17	18	19	20	21
22	23	24	25	26	27	28
29	30					

MONDAY

15

They tend to get mad when
you hijack their ships.
—*The Mandalorian*

SEPTEMBER

M	T	W	T	F	S	S
1	2	3	4	5	6	7
8	9	10	11	12	13	14
15	16	17	18	19	20	21
22	23	24	25	26	27	28
29	30					

TUESDAY
16

SEPTEMBER

M	T	W	T	F	S	S
1	2	3	4	5	6	7
8	9	10	11	12	13	14
15	16	17	18	19	20	21
22	23	24	25	26	27	28
29	30					

WEDNESDAY

17

I believe that pursuit of knowledge is the most noble thing someone can do.

—Dr. Pershing

SEPTEMBER

M	T	W	T	F	S	S
1	2	3	4	5	6	7
8	9	10	11	12	13	14
15	16	17	18	19	20	21
22	23	24	25	26	27	28
29	30					

THURSDAY

18

SEPTEMBER

M	T	W	T	F	S	S
1	2	3	4	5	6	7
8	9	10	11	12	13	14
15	16	17	18	19	20	21
22	23	24	25	26	27	28
29	30					

FRIDAY

19

Empire, Rebels, New Republic,
I can't keep track.
—Aristocrat

SEPTEMBER

M	T	W	T	F	S	S
1	2	3	4	5	6	7
8	9	10	11	12	13	14
15	16	17	18	19	20	21
22	23	24	25	26	27	28
29	30					

SAT

20

SUN

21

INTERNATIONAL DAY OF PEACE (UNITED NATIONS)

SEPTEMBER

M	T	W	T	F	S	S
1	2	3	4	5	6	7
8	9	10	11	12	13	14
15	16	17	18	19	20	21
22	23	24	25	26	27	28
29	30					

MONDAY

22

ROSH HASHANAH (JEWISH NEW YEAR) BEGINS

Long live the New Republic.

—Dr. Pershing

SEPTEMBER

M	T	W	T	F	S	S
1	2	3	4	5	6	7
8	9	10	11	12	13	14
15	16	17	18	19	20	21
22	23	24	25	26	27	28
29	30					

TUESDAY
23

SEPTEMBER

M	T	W	T	F	S	S
1	2	3	4	5	6	7
8	9	10	11	12	13	14
15	16	17	18	19	20	21
22	23	24	25	26	27	28
29	30					

WEDNESDAY

24

Live a little, Doc. It's not the Empire.

—Elia Kane

SEPTEMBER

M	T	W	T	F	S	S
1	2	3	4	5	6	7
8	9	10	11	12	13	14
15	16	17	18	19	20	21
22	23	24	25	26	27	28
29	30					

THURSDAY

25

SEPTEMBER

M	T	W	T	F	S	S
1	2	3	4	5	6	7
8	9	10	11	12	13	14
15	16	17	18	19	20	21
22	23	24	25	26	27	28
29	30					

FRIDAY
26

You are one of us. Welcome, Bo-Katan of Clan Kryze. This is the Way.
—The Armorer

SEPTEMBER

M	T	W	T	F	S	S
1	2	3	4	5	6	7
8	9	10	11	12	13	14
15	16	17	18	19	20	21
22	23	24	25	26	27	28
29	30					

SAT
27

SUN
28

SEPTEMBER

M	T	W	T	F	S	S
1	2	3	4	5	6	7
8	9	10	11	12	13	14
15	16	17	18	19	20	21
22	23	24	25	26	27	28
29	30					

MONDAY

29

"One does not speak unless one knows." Is that not the Creed?
—*The Mandalorian*

SEPTEMBER

M	T	W	T	F	S	S
1	2	3	4	5	6	7
8	9	10	11	12	13	14
15	16	17	18	19	20	21
22	23	24	25	26	27	28
29	30					

TUESDAY

30

SEPTEMBER

M	T	W	T	F	S	S
1	2	3	4	5	6	7
8	9	10	11	12	13	14
15	16	17	18	19	20	21
22	23	24	25	26	27	28
29	30					

WEDNESDAY

1

YOM KIPPUR BEGINS

The Mythosaur belongs to all Mandalorians.
—*The Armorer*

OCTOBER

M	T	W	T	F	S	S
		1	2	3	4	5
6	7	8	9	10	11	12
13	14	15	16	17	18	19
20	21	22	23	24	25	26
27	28	29	30	31		

THURSDAY

2

OCTOBER

M	T	W	T	F	S	S
		1	2	3	4	5
6	7	8	9	10	11	12
13	14	15	16	17	18	19
20	21	22	23	24	25	26
27	28	29	30	31		

FRIDAY

3

Don't mistake my hospitality for weakness.

—Greef Karga

OCTOBER

M	T	W	T	F	S	S
		1	2	3	4	5
6	7	8	9	10	11	12
13	14	15	16	17	18	19
20	21	22	23	24	25	26
27	28	29	30	31		

SAT
4

SUN
5

OCTOBER

M	T	W	T	F	S	S
		1	2	3	4	5
6	7	8	9	10	11	12
13	14	15	16	17	18	19
20	21	22	23	24	25	26
27	28	29	30	31		

MONDAY

6

But from experience, it often takes a new perspective before one is able to see the light.

—Elia Kane

You and your sort didn't "see the light." You were captured.

—Carson Teva

No. I was liberated.

—Elia Kane

OCTOBER

M	T	W	T	F	S	S
		1	2	3	4	5
6	7	8	9	10	11	12
13	14	15	16	17	18	19
20	21	22	23	24	25	26
27	28	29	30	31		

TUESDAY
7

OCTOBER

M	T	W	T	F	S	S
		1	2	3	4	5
6	7	8	9	10	11	12
13	14	15	16	17	18	19
20	21	22	23	24	25	26
27	28	29	30	31		

WEDNESDAY

8

Mandalorians pride ourselves on our secrecy.

—The Mandalorian

OCTOBER

M	T	W	T	F	S	S
		1	2	3	4	5
6	7	8	9	10	11	12
13	14	15	16	17	18	19
20	21	22	23	24	25	26
27	28	29	30	31		

THURSDAY

9

OCTOBER

M	T	W	T	F	S	S
		1	2	3	4	5
6	7	8	9	10	11	12
13	14	15	16	17	18	19
20	21	22	23	24	25	26
27	28	29	30	31		

FRIDAY

10

WORLD MENTAL HEALTH DAY

They've got you outnumbered ten to one.

—Greef Karga

I like those odds.

—The Mandalorian

OCTOBER

M	T	W	T	F	S	S
		1	2	3	4	5
6	7	8	9	10	11	12
13	14	15	16	17	18	19
20	21	22	23	24	25	26
27	28	29	30	31		

SAT
11

SUN
12

OCTOBER

M	T	W	T	F	S	S
		1	2	3	4	5
6	7	8	9	10	11	12
13	14	15	16	17	18	19
20	21	22	23	24	25	26
27	28	29	30	31		

MONDAY

13

You may no longer have a home planet, but you do now have a home.

—Greef Karga

OCTOBER

M	T	W	T	F	S	S
		1	2	3	4	5
6	7	8	9	10	11	12
13	14	15	16	17	18	19
20	21	22	23	24	25	26
27	28	29	30	31		

TUESDAY
14

OCTOBER

M	T	W	T	F	S	S
		1	2	3	4	5
6	7	8	9	10	11	12
13	14	15	16	17	18	19
20	21	22	23	24	25	26
27	28	29	30	31		

WEDNESDAY

15

We must walk the Way together.
All Mandalorians.
—*The Armorer*

OCTOBER

M	T	W	T	F	S	S
		1	2	3	4	5
6	7	8	9	10	11	12
13	14	15	16	17	18	19
20	21	22	23	24	25	26
27	28	29	30	31		

THURSDAY

16

OCTOBER

M	T	W	T	F	S	S
		1	2	3	4	5
6	7	8	9	10	11	12
13	14	15	16	17	18	19
20	21	22	23	24	25	26
27	28	29	30	31		

FRIDAY 17

I thought Mandalorians were honorable.
—Mon Calamari

We are, kid. All it takes is a few credits.
—Koska Reeves

OCTOBER

M	T	W	T	F	S	S
		1	2	3	4	5
6	7	8	9	10	11	12
13	14	15	16	17	18	19
20	21	22	23	24	25	26
27	28	29	30	31		

SAT

18

SUN

19

OCTOBER

M	T	W	T	F	S	S
		1	2	3	4	5
6	7	8	9	10	11	12
13	14	15	16	17	18	19
20	21	22	23	24	25	26
27	28	29	30	31		

MONDAY

20

DIWALI

You are Mandalorians. Weaponry and armor are intrinsic to your culture, are they not?

—Captain Bombardier

OCTOBER

M	T	W	T	F	S	S
		1	2	3	4	5
6	7	8	9	10	11	12
13	14	15	16	17	18	19
20	21	22	23	24	25	26
27	28	29	30	31		

TUESDAY
21

OCTOBER

M	T	W	T	F	S	S
		1	2	3	4	5
6	7	8	9	10	11	12
13	14	15	16	17	18	19
20	21	22	23	24	25	26
27	28	29	30	31		

WEDNESDAY

22

You had me at "battle droids."
—*The Mandalorian*

OCTOBER

M	T	W	T	F	S	S
		1	2	3	4	5
6	7	8	9	10	11	12
13	14	15	16	17	18	19
20	21	22	23	24	25	26
27	28	29	30	31		

THURSDAY
23

OCTOBER

M	T	W	T	F	S	S
		1	2	3	4	5
6	7	8	9	10	11	12
13	14	15	16	17	18	19
20	21	22	23	24	25	26
27	28	29	30	31		

FRIDAY
24

We are in your debt. I have spoken.
—*The Mandalorian*

OCTOBER						
M	T	W	T	F	S	S
		1	2	3	4	5
6	7	8	9	10	11	12
13	14	15	16	17	18	19
20	21	22	23	24	25	26
27	28	29	30	31		

SAT

25

SUN

26

DAYLIGHT SAVING TIME ENDS

OCTOBER

M	T	W	T	F	S	S
		1	2	3	4	5
6	7	8	9	10	11	12
13	14	15	16	17	18	19
20	21	22	23	24	25	26
27	28	29	30	31		

MONDAY

27

There are concerns among my customers that we will be replaced.
—Bartender Droid

By what?
—Bo-Katan Kryze

Humans.
—Bartender Droid

OCTOBER						
M	T	W	T	F	S	S
		1	2	3	4	5
6	7	8	9	10	11	12
13	14	15	16	17	18	19
20	21	22	23	24	25	26
27	28	29	30	31		

TUESDAY

28

OCTOBER

M	T	W	T	F	S	S
		1	2	3	4	5
6	7	8	9	10	11	12
13	14	15	16	17	18	19
20	21	22	23	24	25	26
27	28	29	30	31		

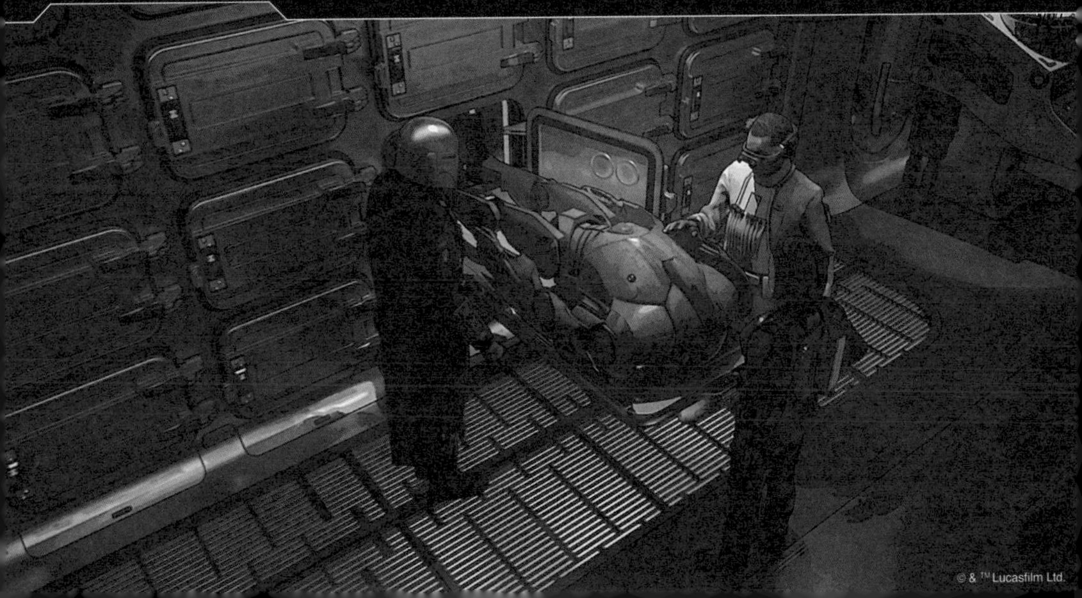

WEDNESDAY
29

Is there no room for a little bit of forgiveness in a galaxy so vast?
—*The Duchess*

OCTOBER						
M	T	W	T	F	S	S
		1	2	3	4	5
6	7	8	9	10	11	12
13	14	15	16	17	18	19
20	21	22	23	24	25	26
27	28	29	30	31		

THURSDAY
30

OCTOBER

M	T	W	T	F	S	S
		1	2	3	4	5
6	7	8	9	10	11	12
13	14	15	16	17	18	19
20	21	22	23	24	25	26
27	28	29	30	31		

FRIDAY

31

HALLOWEEN

I'm now in command and grown quite fond of it.

—Axe Woves

OCTOBER

M	T	W	T	F	S	S
		1	2	3	4	5
6	7	8	9	10	11	12
13	14	15	16	17	18	19
20	21	22	23	24	25	26
27	28	29	30	31		

SAT
1

SUN
2

NOVEMBER

M	T	W	T	F	S	S
					1	2
3	4	5	6	7	8	9
10	11	12	13	14	15	16
17	18	19	20	21	22	23
24	25	26	27	28	29	30

MONDAY

3

It's not a gift to be given, no matter how well intended.
—Bo-Katan Kryze

It's not a gift.
—The Mandalorian

NOVEMBER

M	T	W	T	F	S	S
					1	2
3	4	5	6	7	8	9
10	11	12	13	14	15	16
17	18	19	20	21	22	23
24	25	26	27	28	29	30

TUESDAY

4

NOVEMBER

M	T	W	T	F	S	S
					1	2
3	4	5	6	7	8	9
10	11	12	13	14	15	16
17	18	19	20	21	22	23
24	25	26	27	28	29	30

WEDNESDAY

5

GUY FAWKES NIGHT

There are citizens loyal to the Empire on every planet in this galaxy.

—Imperial Warlord

NOVEMBER

M	T	W	T	F	S	S
					1	2
3	4	5	6	7	8	9
10	11	12	13	14	15	16
17	18	19	20	21	22	23
24	25	26	27	28	29	30

THURSDAY
6

NOVEMBER

M	T	W	T	F	S	S
					1	2
3	4	5	6	7	8	9
10	11	12	13	14	15	16
17	18	19	20	21	22	23
24	25	26	27	28	29	30

FRIDAY

7

Captain, secrets are my stock-in-trade.
I hear whispers from one end of the
galaxy to another, and never
a word of Thrawn.

—Moff Gideon

NOVEMBER

M	T	W	T	F	S	S
					1	2
3	4	5	6	7	8	9
10	11	12	13	14	15	16
17	18	19	20	21	22	23
24	25	26	27	28	29	30

SAT
8

SUN
9
REMEMBRANCE SUNDAY

NOVEMBER

M	T	W	T	F	S	S
					1	2
3	4	5	6	7	8	9
10	11	12	13	14	15	16
17	18	19	20	21	22	23
24	25	26	27	28	29	30

MONDAY

10

We shall be rid of the Mandalorians once and for all. Long live the Empire!
—*Moff Gideon*

NOVEMBER

M	T	W	T	F	S	S
					1	2
3	4	5	6	7	8	9
10	11	12	13	14	15	16
17	18	19	20	21	22	23
24	25	26	27	28	29	30

TUESDAY

11

NOVEMBER

M	T	W	T	F	S	S
					1	2
3	4	5	6	7	8	9
10	11	12	13	14	15	16
17	18	19	20	21	22	23
24	25	26	27	28	29	30

WEDNESDAY
12

Let us prepare a feast for our guests.
—The Armorer

NOVEMBER

M	T	W	T	F	S	S
					1	2
3	4	5	6	7	8	9
10	11	12	13	14	15	16
17	18	19	20	21	22	23
24	25	26	27	28	29	30

THURSDAY
13

NOVEMBER

M	T	W	T	F	S	S
					1	2
3	4	5	6	7	8	9
10	11	12	13	14	15	16
17	18	19	20	21	22	23
24	25	26	27	28	29	30

FRIDAY

14

Bad baby. No squeezie!

—Anzellan

NOVEMBER

M	T	W	T	F	S	S
					1	2
3	4	5	6	7	8	9
10	11	12	13	14	15	16
17	18	19	20	21	22	23
24	25	26	27	28	29	30

SAT
15

SUN
16

NOVEMBER

M	T	W	T	F	S	S
					1	2
3	4	5	6	7	8	9
10	11	12	13	14	15	16
17	18	19	20	21	22	23
24	25	26	27	28	29	30

MONDAY

17

Yes. Yes. Yes. Yes. Yes. Yes. Yes. Yes.

—IG-12

NOVEMBER

M	T	W	T	F	S	S
					1	2
3	4	5	6	7	8	9
10	11	12	13	14	15	16
17	18	19	20	21	22	23
24	25	26	27	28	29	30

TUESDAY
18

NOVEMBER

M	T	W	T	F	S	S
					1	2
3	4	5	6	7	8	9
10	11	12	13	14	15	16
17	18	19	20	21	22	23
24	25	26	27	28	29	30

WEDNESDAY

19

Mandalore has always been too powerful for any enemy to defeat. It is always our own division that destroys us.

—Bo-Katan Kryze

NOVEMBER

M	T	W	T	F	S	S
					1	2
3	4	5	6	7	8	9
10	11	12	13	14	15	16
17	18	19	20	21	22	23
24	25	26	27	28	29	30

THURSDAY
20

NOVEMBER

M	T	W	T	F	S	S
					1	2
3	4	5	6	7	8	9
10	11	12	13	14	15	16
17	18	19	20	21	22	23
24	25	26	27	28	29	30

FRIDAY

21

What means more to me is honor. And loyalty. And character. These are the reasons I serve you, Lady Kryze. Your song is not yet written.

—*The Mandalorian*

NOVEMBER

M	T	W	T	F	S	S
					1	2
3	4	5	6	7	8	9
10	11	12	13	14	15	16
17	18	19	20	21	22	23
24	25	26	27	28	29	30

SAT
22

SUN
23

NOVEMBER

M	T	W	T	F	S	S
					1	2
3	4	5	6	7	8	9
10	11	12	13	14	15	16
17	18	19	20	21	22	23
24	25	26	27	28	29	30

MONDAY
24

He didn't learn that from me.
—The Mandalorian

NOVEMBER

M	T	W	T	F	S	S
					1	2
3	4	5	6	7	8	9
10	11	12	13	14	15	16
17	18	19	20	21	22	23
24	25	26	27	28	29	30

TUESDAY
25

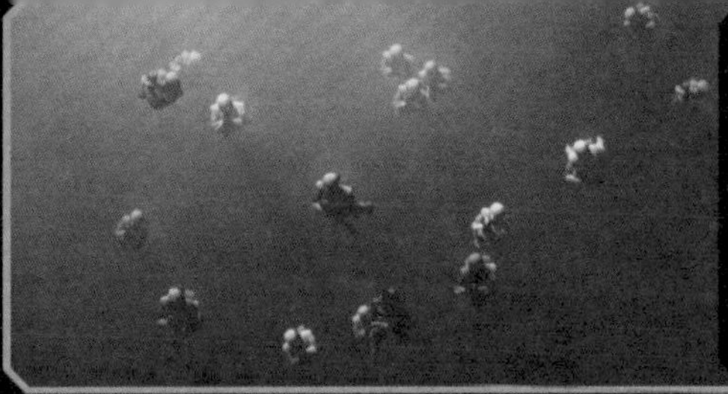

NOVEMBER

M	T	W	T	F	S	S
					1	2
3	4	5	6	7	8	9
10	11	12	13	14	15	16
17	18	19	20	21	22	23
24	25	26	27	28	29	30

WEDNESDAY

26

We have to stop meeting like this.

—Moff Gideon

I'll make sure of it.

—Bo-Katan Kryze

NOVEMBER

M	T	W	T	F	S	S
					1	2
3	4	5	6	7	8	9
10	11	12	13	14	15	16
17	18	19	20	21	22	23
24	25	26	27	28	29	30

THURSDAY
27

NOVEMBER

M	T	W	T	F	S	S
					1	2
3	4	5	6	7	8	9
10	11	12	13	14	15	16
17	18	19	20	21	22	23
24	25	26	27	28	29	30

FRIDAY

28

Life persists.

—Nite Owl

NOVEMBER

M	T	W	T	F	S	S
					1	2
3	4	5	6	7	8	9
10	11	12	13	14	15	16
17	18	19	20	21	22	23
24	25	26	27	28	29	30

SAT

29

SUN

30

ST. ANDREW'S DAY

NOVEMBER

M	T	W	T	F	S	S
					1	2
3	4	5	6	7	8	9
10	11	12	13	14	15	16
17	18	19	20	21	22	23
24	25	26	27	28	29	30

MONDAY

1

What's it gonna be this time?
Surrender or fight?
—Moff Gideon

DECEMBER

M	T	W	T	F	S	S
1	2	3	4	5	6	7
8	9	10	11	12	13	14
15	16	17	18	19	20	21
22	23	24	25	26	27	28
29	30	31				

TUESDAY
2

DECEMBER

M	T	W	T	F	S	S
1	2	3	4	5	6	7
8	9	10	11	12	13	14
15	16	17	18	19	20	21
22	23	24	25	26	27	28
29	30	31				

WEDNESDAY

3

Let it be written in Song that Din Djarin
is accepting this foundling as
his son. You are now Din Grogu,
Mandalorian apprentice.

—The Armorer

DECEMBER

M	T	W	T	F	S	S
1	2	3	4	5	6	7
8	9	10	11	12	13	14
15	16	17	18	19	20	21
22	23	24	25	26	27	28
29	30	31				

THURSDAY

4

DECEMBER

M	T	W	T	F	S	S
1	2	3	4	5	6	7
8	9	10	11	12	13	14
15	16	17	18	19	20	21
22	23	24	25	26	27	28
29	30	31				

FRIDAY

5

For Mandalore!

—Axe Woves

DECEMBER

M	T	W	T	F	S	S
1	2	3	4	5	6	7
8	9	10	11	12	13	14
15	16	17	18	19	20	21
22	23	24	25	26	27	28
29	30	31				

SAT
6

SUN
7

DECEMBER

M	T	W	T	F	S	S
1	2	3	4	5	6	7
8	9	10	11	12	13	14
15	16	17	18	19	20	21
22	23	24	25	26	27	28
29	30	31				

MONDAY

8

Who is this Jedi?
—Baylan Skoll

Ahsoka Tano
—Morgan Elsbeth

DECEMBER

M	T	W	T	F	S	S
1	2	3	4	5	6	7
8	9	10	11	12	13	14
15	16	17	18	19	20	21
22	23	24	25	26	27	28
29	30	31				

TUESDAY

9

DECEMBER

M	T	W	T	F	S	S
1	2	3	4	5	6	7
8	9	10	11	12	13	14
15	16	17	18	19	20	21
22	23	24	25	26	27	28
29	30	31				

WEDNESDAY
10

Let's just say I didn't follow standard Jedi protocol.
—Ahsoka Tano

DECEMBER

M	T	W	T	F	S	S
1	2	3	4	5	6	7
8	9	10	11	12	13	14
15	16	17	18	19	20	21
22	23	24	25	26	27	28
29	30	31				

THURSDAY
11

DECEMBER

M	T	W	T	F	S	S
1	2	3	4	5	6	7
8	9	10	11	12	13	14
15	16	17	18	19	20	21
22	23	24	25	26	27	28
29	30	31				

FRIDAY

12

I started hearing whispers of Thrawn's return as heir to the Empire.

—*Ahsoka Tano*

DECEMBER

M	T	W	T	F	S	S
1	2	3	4	5	6	7
8	9	10	11	12	13	14
15	16	17	18	19	20	21
22	23	24	25	26	27	28
29	30	31				

SAT 13 | SUN 14

DECEMBER

M	T	W	T	F	S	S
1	2	3	4	5	6	7
8	9	10	11	12	13	14
15	16	17	18	19	20	21
22	23	24	25	26	27	28
29	30	31				

MONDAY

15

As a Jedi, sometimes you have to make the decision no one else can.

—Ezra Bridger

DECEMBER

M	T	W	T	F	S	S
1	2	3	4	5	6	7
8	9	10	11	12	13	14
15	16	17	18	19	20	21
22	23	24	25	26	27	28
29	30	31				

TUESDAY
16

DECEMBER

M	T	W	T	F	S	S
1	2	3	4	5	6	7
8	9	10	11	12	13	14
15	16	17	18	19	20	21
22	23	24	25	26	27	28
29	30	31				

WEDNESDAY
17

A master and an apprentice?
—Ahsoka Tano

If both trained in the Jedi Arts, they will be formidable adversaries.
—Huyang

DECEMBER

M	T	W	T	F	S	S
1	2	3	4	5	6	7
8	9	10	11	12	13	14
15	16	17	18	19	20	21
22	23	24	25	26	27	28
29	30	31				

THURSDAY
18

DECEMBER

M	T	W	T	F	S	S
1	2	3	4	5	6	7
8	9	10	11	12	13	14
15	16	17	18	19	20	21
22	23	24	25	26	27	28
29	30	31				

FRIDAY

19

**For some, war. For others,
a new beginning.**
—Baylan Skoll

And for us?
—Shin Hati

Power. Such as you've never dreamed.
—Baylan Skoll

DECEMBER

M	T	W	T	F	S	S
1	2	3	4	5	6	7
8	9	10	11	12	13	14
15	16	17	18	19	20	21
22	23	24	25	26	27	28
29	30	31				

SAT 20 | SUN 21

DECEMBER

M	T	W	T	F	S	S
1	2	3	4	5	6	7
8	9	10	11	12	13	14
15	16	17	18	19	20	21
22	23	24	25	26	27	28
29	30	31				

MONDAY

22

An Empire doesn't just become
a Republic overnight.
—*Myn Weaver*

DECEMBER

M	T	W	T	F	S	S
1	2	3	4	5	6	7
8	9	10	11	12	13	14
15	16	17	18	19	20	21
22	23	24	25	26	27	28
29	30	31				

TUESDAY

23

DECEMBER

M	T	W	T	F	S	S
1	2	3	4	5	6	7
8	9	10	11	12	13	14
15	16	17	18	19	20	21
22	23	24	25	26	27	28
29	30	31				

WEDNESDAY

24

Her presence in the Force is elusive.
Yet her determination is vivid.
She is coming.
—Baylan Skoll

DECEMBER

M	T	W	T	F	S	S
1	2	3	4	5	6	7
8	9	10	11	12	13	14
15	16	17	18	19	20	21
22	23	24	25	26	27	28
29	30	31				

THURSDAY

25

CHRISTMAS DAY

DECEMBER

M	T	W	T	F	S	S
1	2	3	4	5	6	7
8	9	10	11	12	13	14
15	16	17	18	19	20	21
22	23	24	25	26	27	28
29	30	31				

FRIDAY

26

BOXING DAY

Anger and frustration are quick to give power. But they also unbalance you.

—Ahsoka Tano

DECEMBER

M	T	W	T	F	S	S
1	2	3	4	5	6	7
8	9	10	11	12	13	14
15	16	17	18	19	20	21
22	23	24	25	26	27	28
29	30	31				

SAT	SUN
27	28

DECEMBER

M	T	W	T	F	S	S
1	2	3	4	5	6	7
8	9	10	11	12	13	14
15	16	17	18	19	20	21
22	23	24	25	26	27	28
29	30	31				

MONDAY

29

"Long live the Empire" doesn't sound like the kind of loyalty we're looking for.

—*Hera Syndulla*

DECEMBER

M	T	W	T	F	S	S
1	2	3	4	5	6	7
8	9	10	11	12	13	14
15	16	17	18	19	20	21
22	23	24	25	26	27	28
29	30	31				

TUESDAY
30

DECEMBER

M	T	W	T	F	S	S
1	2	3	4	5	6	7
8	9	10	11	12	13	14
15	16	17	18	19	20	21
22	23	24	25	26	27	28
29	30	31				

WEDNESDAY

31

NEW YEAR'S EVE

The Force resides in all living things.
—*Ahsoka Tano*

DECEMBER

M	T	W	T	F	S	S
1	2	3	4	5	6	7
8	9	10	11	12	13	14
15	16	17	18	19	20	21
22	23	24	25	26	27	28
29	30	31